D1924698

Grillen

IDEENREICH

Impressum

© 2013 Serges Verlag
Genehmigte Ausgabe
Bellavista ist ein Imprint
des Karl Müller Verlages
Silag Media AG
Liebigstr. 1-9
40764 Langenfeld

Rezeptverzeichnis

Vorwort

Sehr verehrte Leserin, sehr verehrter Leser,

wer gerne gut isst, Freude daran hat Gäste mit gelungenen Speisen zu verwöhnen und schon die Zubereitung als Kocherlebnis empfindet – der wird diese Sammlung mit gekonnt zusammengestellten und mehrfach erprobten Rezepten immer wieder gerne zur Hand nehmen.

Dieser Ratgeber, der Teil einer umfangreichen Reihe weiterer Themen ist, vermittelt das Know-how, mit dem Ihnen garantiert alles gelingt. Selbst alltägliche Gerichte werden raffinierter. Ihre persönliche Rezeptsammlung wächst, und die neu gewonnenen Kochkünste werden Ihre Gäste begeistern. Geselliges Beisammensein mit der Familie, mit Freunden und Bekannten gehört zu einem ausgefüllten Leben dazu. Gemeinsames Kochen, Backen oder Grillen hat sich längst zu einer beliebten Freizeitbeschäftigung entwickelt.

Die Titel-Überschrift „lecker und einfach" übermittelt die Botschaft, dass die Zubereitung raffinierter Gerichte auch nicht sehr aufwändig sein muss: Fachgeschäfte, Supermärkte und die Tiefkühltheke Ihres Discounters bieten heutzutage eine reiche Auswahl an Produkten und Zutaten an, die jede der beschriebenen Rezeptvariationen möglich macht. Und dabei müssen wir auch gar nicht einmal tief in die Tasche greifen, um uns diesen Luxus und das Erlebnis des eigenen Kochvergnügens leisten zu können.
Mit dieser Rezeptsammlung haben wir einen Ratgeber geschaffen, der alle Informationen und Tipps bietet, um das Kochvergnügen – mit garantiertem Erfolg – in vollen Zügen genießen zu können.

Viel Spaß dabei und einen guten Appetit.

Herzlichst Ihr

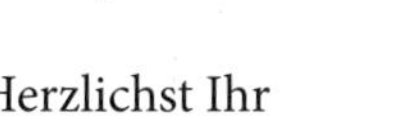

Siegfried Lapawa
Verleger Karl Müller Verlag

Überkrustete Filetsteaks

4 Portionen
4 kleine, hohe Filetsteaks vom Rind à 120 g, 4 kleine, hohe Filetsteaks vom Kalb à 80 g
4 hohe Filetsteaks vom Schwein à 60 g; 12 dünne Scheiben Frühstücksspeck, Öl, Salz, grob gemahlener schwarzer Pfeffer
4 große Markknochen
1/2 Bund glatte Petersilie
1 Kästchen Kresse
1 TL getrockneter Thymian
4 EL Semmelbrösel
4 Strauchtomaten

Pro Portion ca. 790 kcal / 3300 kJ

1 Die Steaks parieren (Häutchen und Fett wegschneiden). Jedes Steak mit einer Speckscheibe umwickeln und mit einem halben Zahnstocher feststecken. Die Steaks mit etwas Öl bestreichen, schwach salzen und grob gemahlenen Pfeffer in die Schnittflächen drücken.

2 Eine gefettete Grillpfanne stark erhitzen und die Steaks auf beiden Seiten je 2 Minuten braten. Dann herausheben und auf Küchenpapier abtropfen lassen. Das Knochenmark auslösen und hacken. Die Petersilie waschen, trockenschütteln und die Blättchen fein hacken. Die Hälfte der Kresse ohne Stiele abschneiden. Das Mark mit allen Kräutern und den Semmelbröseln vermischen. Die Tomaten waschen, trocknen und oben über Kreuz einschneiden.

3 Den Infragrill im Backofen vorheizen. Ein Backblech mit Alufolie auslegen und die Steaks und Tomaten daraufsetzen. Die Kräutermischung über die Steaks verteilen und leicht andrücken, den Rest in die Tomaten drücken. Das Blech auf die zweite Schiene von oben unter den Grill schieben und so lange gratinieren, bis das Mark zu schmelzen beginnt und die Kräuterkruste goldbraun wird.

Steaks und Grilltomaten portionsweise auf vorgewärmten Tellern anrichten, mit der restlichen Kresse garnieren und Remouladensauce dazu reichen.

Rollbraten am Spieß

6 Portionen
1 1/2 kg Schweineschulter, gerollt
Salz
frisch gemahlener Pfeffer
Knoblauchöl zum Bestreichen

Pro Portion ca. 300 kcal / 1270 kJ

1 Den Rollbraten abspülen, trockentupfen, mit Salz und Pfeffer einreiben und auf einen langen Grillspieß stecken. Gut mit Knoblauchöl bestreichen und so lange grillen, bis er rundum Farbe angenommen hat.

2 Den Braten in dicke Alufolie einpacken und 45 Minuten grillen. Kurz vor Ende der Garzeit die Folie entfernen, das Fleisch nochmals mit Knoblauchöl bestreichen und knusprig braun grillen.

Dazu Kartoffeln in der Folie, gegrillte Tomaten und Schalotten reichen.

Gefüllter Schweinerücken

4 Portionen
1,5 kg Schweinerücken im Stück am Knochen, Salz
2 altbackene Brötchen
100 ml Milch
150 g Geflügelleber
100 g geräucherter Schweinebauch
2 Bund Petersilie
2 Knoblauchzehen
150 g Emmentaler, gerieben
1 TL Rosmarinnadeln
frisch gemahlener schwarzer Pfeffer
6 EL Öl

Pro Portion ca. 870 kcal / 3630 kJ

1 Das Fleisch waschen, abtrocknen, leicht salzen und 30 Minuten ruhen lassen. Dann den Braten in Form schneiden: Mit einem scharfen Messer das sehnige Fleisch zwischen den Knochen hahnenkammförmig herausschneiden. Zum Füllen das Fleisch entlang der Knochen fast ganz einschneiden, zur Hälfte quer nach innen schneiden und dann aufklappen.

2 Für die Füllung die Brötchen in lauwarmer Milch einweichen und gut ausdrücken. Die Geflügelleber waschen, trockentupfen, die Häutchen entfernen, die Lebern fein hacken. Den Schweinebauch fein würfeln. Die Knoblauchzehen abziehen und pressen. Die Petersilie waschen und grob hacken. Alles gut vermischen und mit Reibkäse, feingehacktem Rosmarin, Salz und Pfeffer abschmecken.

3 Die Füllung auf das aufgeklappte Fleisch streichen und dieses vorsichtig bis an den Knochen zurückrollen. Die beiden Enden zunähen oder mit Rouladennadeln zusammenhalten. Das Fleisch zwischen den Knochen zubinden.

4 Den Schweinerücken mit Öl bestreichen und auf den eingefetteten Grillrost legen. Bei mittlerer Hitze etwa 1 1/2 Stunden grillen, nach der Hälfte der Garzeit wenden. Während des Grillens das Fleisch mehrmals mit Öl bestreichen. Den fertigen Schweinerücken im ganzen auf eine vorgewärmte Platte legen und

5 Minuten ruhen lassen, damit die Füllung beim Anschneiden nicht bricht. Erst bei Tisch in Scheiben schneiden.

Rollbraten gefüllter Schweinebauch

8 Portionen	1 kleine Zwiebel
1,8 kg Schweinebauch	2 Knoblauchzehen
Salz	1 TL Thymian
frisch gemahlener Pfeffer	1 TL Butter
Füllung	2 Scheiben Weißbrot ohne Rinde
150 g gekochter Schinken	1 Ei
250 g Schweinehack	Öl zum Bestreichen
250 g Champignons	

Pro Portion ca. 870 kcal / 3360 kJ

1 Den Schweinebauch parieren und mit Salz und Pfeffer einreiben. Den Schinken würfeln und mit dem Schweinehack vermischen. Die Champignons putzen. Die Zwiebel und die Knoblauchzehen abziehen, fein hacken und mit dem Thymian vermengen.

2 Die Butter in einer Pfanne zerlassen. Champignons, Zwiebel und Knoblauch an-dünsten und anschließend zum Schweinehack geben. Die Weißbrotscheiben fein zerkrümeln und mit dem Ei, Salz und Pfeffer in die Schweinehackmischung einarbeiten.

3 Wenn der Schweinebauch zum Rollen breit genug ist, die Füllung auf die Fleischseite streichen. Oder: In den Schweinebauch eine tiefe Tasche schneiden und die Füllung hineingeben. Den Schweinebauch rollen und mit Küchengarn schnüren: zuerst rundherum in Abständen von etwa 2 cm, dann auf der Rückseite der Länge nach durch die Wicklung ziehen.

4 Den Rollbraten auf einen Drehspieß stecken und mit Öl bestreichen. Im vorgeheizten Grill bei 200°C etwa 1 Stunde grillen, dabei gelegentlich mit Öl bestreichen. Die Grilltemperatur auf 160°C reduzieren und weitere 50 Minuten garen.

Das Garn vom Rollbraten entfernen und den Braten vor dem Anschneiden gut 5 Minuten ruhen lassen.

Bayerischer Schweinebraten

Bayerischer Schweinebraten

8 Portionen
2 kg Schweinebraten aus der Schulter mit Schwarte
Salz
frisch gemahlener Pfeffer
1 TL gemahlener Kümmel
1/2 l dunkles Bier

Pro Portion ca. 440 kcal / 1750 kJ

1 Den Schweinebraten unter fließendem Wasser abspülen und trockentupfen. Die Schwarte mit einem scharfen Messer rautenförmig einschneiden. Den Braten von allen Seiten mit Salz, Pfeffer und Kümmel kräftig einreiben.

2 Den Grill auf 200°C vorheizen. Den Grillrost auf die Fettpfanne setzen und den Schweinebraten mit der Schwarte nach unten darauflegen und mit 1/4 Liter heißem Wasser übergießen. Auf der mittleren Schiene 15 Minuten grillen.

3 Die Temperatur auf 180°C reduzieren, das Fleisch umdrehen und weitere 2 Stunden grillen, dabei ab und zu mit dunklem Bier übergießen. 10 Minuten vor Ende der Garzeit den Grill auf hohe Temperatur stellen und nochmals mit Bier übergießen, damit die Kruste knusprig wird.

4 Den fertigen Schweinebraten aus dem Grill nehmen und vor dem Anschneiden etwa 10 Minuten ruhen lassen.

Mit Kartoffelknödeln und gemischtem Salat servieren.

Bayerische Kalbshaxe

4 Portionen
1 Kalbshaxe (Hinterhaxe), ca. 2 kg
1 Knoblauchzehe
Salz
frisch gemahlener Pfeffer
1/2 TL gemahlener Kümmel
Öl zum Bestreichen
1/2 l dunkles Bier

Pro Portion ca. 470 kcal / 1960 kJ

1 Die Kalbshaxe waschen, trockentupfen und parieren.

2 Die Knoblauchzehe abziehen und durch eine Presse drücken. Mit Salz, Pfeffer und Kümmel vermischen und die Kalbshaxe damit einreiben. Die Kalbshaxe mit Öl bestreichen. Den Bratrost einölen, auf die Fettpfanne setzen und die Haxe darauflegen.

3 Im vorgeheizten Heißluftgrill bei mittlerer Temperatur auf der mittleren Schiene etwa 2 1/2 Stunden grillen. Dabei von Zeit zu Zeit die Haxe mit etwas Bier begießen.

4 Die Kalbshaxe im ganzen auftragen und erst am Tisch das Fleisch vom Knochen lösen.

Mit Kartoffel- und Feldsalat reichen.

Gemischte Spieße Kalb

4 Portionen	20 Salbeiblätter
200 g Kalbsleber	Salz
200 g Kalbsschnitzel	frisch gemahlener Pfeffer
100 g Speck in dünnen Scheiben	1 EL Mehl
4 Kalbsbratwürste	2 EL Öl

Pro Portion ca. 610 kcal / 2560 kJ

1 Die Leber und das Schnitzelfleisch waschen und trockentupfen, die Haut von der Leber abziehen. Leber, Fleisch und den Speck in ca. 4 cm große Quadrate schneiden. Die Kalbsbratwürste in ca. 4 cm lange Stücke schneiden.

2 Die Salbeiblätter waschen und trockentupfen. Leber, Fleisch, Wurststücke und Salbeiblätter abwechselnd auf 8 Schaschlikspieße stecken. Salzen, pfeffern und mit et-was Mehl bestäuben.

3 Das Öl in einer Grillpfanne erhitzen und die Spieße darin bei mittlerer Hitze rundum ca. 8 Minuten braten.

4 Die Spieße herausheben und auf Küchenpapier kurz abtropfen lassen. Je 2 Spieße auf vorgewärmten Tellern anrichten.

Dazu Baguette und Zitronenschnitze reichen.

Kalbshaxenscheiben vom Grill

4 Portionen
1 Kalbshaxe, ca. 1,6 kg
2 Knoblauchzehen
1/2 TL Salz
2 Lorbeerblätter
1 EL Thymian
1 Messerspitze Cayennepfeffer
1/8 l Weißwein
1 EL Zitronensaft
8 EL Olivenöl

Pro Portion ca. 390 kcal / 1620 kJ

1 Die Kalbshaxe vom Metzger in 2 cm dicke Scheiben schneiden lassen. Die Beinscheiben waschen und trockentupfen.

2 Für die Marinade die Knoblauchzehen abziehen und im Mörser mit dem Salz und den Lorbeerblättern zerdrücken und mit Thymian, Cayennepfeffer, Weißwein, Zitronensaft und Olivenöl verrühren.

3 Die Beinscheiben in eine Schüssel legen, die Marinade darüber gießen und das Fleisch darin wenden. Zugedeckt im Kühlschrank über Nacht ziehen lassen.

4 Kurz vor dem Grillen die Beinscheiben aus der Marinade heben und gut abtropfen lassen. Das Fleisch am Rand mehrmals leicht einschneiden. Auf dem Rost bei mittlerer Hitze auf jeder Seite 10 Minuten grillen.

Mit Kräuterbutter und grüner Sauce reichen, dazu schmecken frische Blattsalate und Kartoffel-Gurken-Salat.

Lammkoteletts, provenzalisch

4 Portionen
12 Lammkoteletts
1 EL frische Rosmarinnadeln
2 Knoblauchzehen
4 EL Olivenöl
Salz
frisch gemahlener schwarzer Pfeffer

Pro Portion ca. 480 kcal / 2000 kJ

1 Von den Lammkoteletts Haut und Fett weitgehend abschneiden. Den Rosmarin grob hacken. Den Knoblauch abziehen und pressen. Rosmarin, Knoblauch und 2 Esslöffel Olivenöl mit Salz und Pfeffer verrühren. Die Lammkoteletts damit einreiben.

2 Den Grillrost gut ölen und die Lammkoteletts bei mittlerer Hitze auf jeder Seite 2–3 Minuten grillen, je nachdem wie rosig das Fleisch bleiben soll.

Die Lammkoteletts mit Ratatouille servieren. Dazu passt Kartoffelgratin.

INHALT

Lamm vom Rost

4 Portionen
16 Lammkoteletts als Stielkoteletts, Lammrückenscheiben oder Lammkarree
4-6 Knoblauchzehen, 1 TL Salz
je 1 TL getrockneter Thymian, Oregano und Rosmarin
frisch gemahlener schwarzer Pfeffer
1/2 TL Chilipulver
1/8 l Olivenöl

Pro Portion ca. 640 kcal / 2700 kJ

1 Lammrücken ist zum Grillen am besten geeignet und zwar in seine Koteletts zerteilt: Bekannt und besonders praktisch zum Abknabbern sind die Stielkoteletts, dazu werden die Rippen gut 5 cm geschält. Lammrückenscheiben sind Doppelkoteletts, üblicherweise ohne „Stiel" geschnitten. Das Lammkarree sind mehrere Koteletts am Stück, häufig 8 Rippen, die ebenfalls bis zum Fleisch hin geschält werden. Der Vorteil des Lammkarrees ist, dass das Fleisch beim Grillen schön saftig bleibt. Anschließend kann man es in Portionen von 2–4 Rippen zerteilen. Alle Koteletts am Knochen und in der Fettschicht mehrmals einkerben, damit sie sich beim Grillen nicht wölben.

2 Für die Marinade die Knoblauchzehen abziehen und pressen. Mit Salz und allen anderen Gewürzen mischen und mit dem Olivenöl verrühren. Die Lammkoteletts mit der Marinade bestreichen und in einer Schüssel übereinander stapeln. Nach Möglichkeit zugedeckt etwas ziehen lassen.

3 Den Grill stark vorheizen und den Rost gut ölen. Die Lammkoteletts auf jeder Seite 2 Minuten grillen, so sind sie innen noch rosig. Schon bei einer Minute mehr pro Seite garen sie durch. Das Lammkarree je nach Fleischstärke und gewünschter Garstufe 10–15 Minuten grillen und dabei wenden.

Als Beilage schmecken Gemüsespieße, die mit derselben Marinade wie das Lamm bestrichen werden können.

Gegrillte Spareribs

2 Portionen
1 kg Spareribs
4 EL Sojasauce
4 EL Öl
frisch gemahlener schwarzer Pfeffer
3 EL Aprikosenkonfitüre
1 Knoblauchzehe
1 walnussgroßes Stück frischer Ingwer

Pro Portion ca. 860 kcal / 3600 kJ

1 Die Spareribs waschen, abtrocknen und eventuell in Portionsstücke zerschneiden.

2 Sojasauce, Öl, Pfeffer und die Konfitüre verrühren.

3 Den Knoblauch schälen und durch die Presse dazu drücken.

4 Ingwer schälen und sehr klein hacken, ebenfalls unter die Marinade mischen.

5 Die Spareribs gründlich damit einpinseln und mindestens 2 Stunden im Kühlschrank marinieren.

6 Die Rippenstücke abtropfen lassen und unter dem vorgeheizten Grill im Backofen 20–30 Minuten grillen.

Zwischendurch mehrfach wenden und mit Marinade bestreichen.

Schaschlik, klassisch

4 Portionen
600 g Schweinefleisch aus der Keule
200 g geräucherter Schweinebauch in Scheiben
4 große Zwiebel
4 EL Öl
1 EL Tomatenmark
1 EL Currypulver
1 Messerspitze Cayennepfeffer
1 TL Zucker
Salz

Pro Portion ca. 320 kcal / 1340 kJ

1 Das Schweinefleisch waschen, trockentupfen und in ca. 3 cm große Würfel schneiden.

2 Die Schweinebauchscheiben quer in ebenfalls 3 cm große Streifen schneiden. Die Zwiebeln abziehen und achteln.

3 Auf 4 Grillspieße abwechselnd Fleischwürfel, Schweinebauchstreifen und Zwiebelstücke aufstecken.

4 Das Öl mit dem Tomatenmark, 1 Teelöffel Currypulver, Cayennepfeffer und Zucker verrühren.

5 Die Fleischspieße damit dünn bestreichen und auf dem Rost bei mittlerer Hitze 15–20 Minuten grillen.

Mehrmals wenden und mit dem Würzöl bestreichen.

Die fertigen Spieße salzen und mit dem restlichen Curry bestäuben.

Asiatische Fleischnadeln

4 Portionen
2 Rumpsteaks, 2–3 cm hoch
2 Schweinekoteletts, 2–3 cm hoch
4 Knoblauchzehen
4 kleine rote Chilischoten
6 EL Soja- oder Erdnussöl, Salz
2 EL Sesamsaat
2 Limetten

Pro Portion ca. 690 kcal / 2900 kJ

1 Das Rind- und das Schweinefleisch von Fett, Haut und Knochen befreien. Die Fleischstücke der Länge nach in 4–5 mm dicke Streifen schneiden und diese quer auf dünne Holzspießchen stecken.

2 Die Knoblauchzehen abziehen. Die Chilischoten waschen, putzen und entkernen. Knoblauch und Chilischoten miteinander sehr fein hacken und mit 4 Essöffel Öl verrühren.

3 Die Fleischnadeln mit dem Würzöl bestreichen und schwach salzen. Den Sesam in einer trockenen, heißen Pfanne goldgelb rösten.

4 Zwei Grillpfannen leicht mit Öl bestreichen und stark erhitzen. Die Fleischnadeln auf jeder Seite 2 Minuten grillen, auf eine vorgewärmte Platte legen und mit dem Sesam bestreuen. Mit Limettenspalten garnieren.

Dazu schmeckt Mango-Chutney oder eine thailändische Würzsauce

Cevapcici vom Grill

4 Portionen	Salz
1 große Zwiebel	Mehl zum Bestäuben
2 Knoblauchzehen	Öl zum Grillen
200 g Rindfleisch	
200 g Schweinefleisch	
200 g Lammfleisch	
1 TL Rosenpaprika	
frisch gemahlener Pfeffer	

Pro Portion ca. 570 kcal / 2410 kJ

1 Die Zwiebel und die Knoblauchzehen abziehen und grob hacken. Das Fleisch würfeln. Fleisch, Zwiebel und Knoblauch durch den Fleischwolf drehen.

2 In einer Schüssel die Fleischmasse mit den Gewürzen vermischen und von Hand 10 Minuten kneten – das ist wichtig!

3 Ein Probewürstchen braten oder grillen und den Fleischteig gegebenenfalls nachwürzen.

4 Mit nassen Händen aus dem Fleischteig etwa daumengroße Würstchen formen, mit Mehl bestäuben und zugedeckt kurz ruhen lassen.

5 Cevapcici mit Öl bestreichen und bei mittlerer Hitze etwa 8 Minuten grillen. Zwischendurch wenden und nochmals mit Öl bestreichen.

Dazu reicht man gehackte Zwiebeln, eingelegte Paprika, nach Belieben auch Krautsalat und Brot.

Griechische Hacksteaks

4 Portionen
2 große Zwiebeln
2 Knoblauchzehen
700 g Lammhackfleisch
2 Eier, Salz
4 EL Semmelbrösel
50 g schwarze Oliven ohne Stein
100 g Schafskäse
frisch gemahlener Pfeffer
1 Messerspitze Cayennepfeffer
1 TL Majoran
1 TL Paprikapulver, edelsüß
2 Bund Frühlingszwiebeln
2 EL gesalzene Butter, 2 EL Öl
1 Zitrone

Pro Portion ca. 740 kcal / 3110 kJ

1 Die Zwiebeln und die Knoblauchzehen abziehen und grob hacken. In einer Schüssel das Lammhackfleisch mit den Eiern, den Semmelbröseln, den Zwiebeln und dem Knoblauch gut verkneten.

2 Die Oliven hacken und zu dem Fleischteig geben. Den Schafskäse dazubröckeln. Kräftig mit Salz, Pfeffer, Cayennepfeffer, dem Majoran und dem Paprika würzen und alles gut vermischen.

3 Die Frühlingszwiebeln putzen und waschen. In einer tiefen Pfanne die Butter zerlassen und die tropfnassen Frühlingszwiebeln darin bei mittlerer Hitze zugedeckt 10 Minuten dünsten. Eventuell etwas Wasser nachgießen.

4 Aus dem Fleischteig 8 Klopse formen, ein wenig flachdrücken und mit Öl bestreichen.

5 Die Lammhacksteaks auf beiden Seiten je ca. 4 Minuten grillen. Die Zitrone in 8 Schnitze zerteilen.

Die Lauchzwiebeln, die Hacksteaks und die Zitronenschnitze auf 4 Tellern anrichten.

Grillwürste

4 Portionen	2 Bratwurstschnecken à 200 g
3 EL Öl	8 Nürnberger Bratwürste
Saft von 1 Zitrone	
Salz	
Pfeffer	
1/2 TL Paprikapulver, edelsüß	
4 große Bratwürste	
4 Kalbsbratwürstchen, gebrüht	

Pro Portion ca. 950 kcal / 4000 kJ

1 Das Öl mit dem Zitronensaft, Salz, Pfeffer und Paprikapulver gut verrühren.

2 Die Würste damit bestreichen und je nach Größe 8–12 Minuten bei großer Hitze grillen.

3 Aus den Kalbsbratwürstchen werden „Zauberwürste“, wenn man sie an beiden Enden 2,5 cm tief übers Kreuz einschneidet.

4 Alle dicken, fetten Würste nach 4 Minuten Grillzeit mit der Gabel ein paarmal einstechen, damit das Fett ablaufen kann.

5 Während des Grillens die Würste mehrmals wenden und mit dem Öl bestreichen.

Grillwürste schmecken nur frisch vom Grill und sehr heiß. Deshalb die Würste erst grillen, wenn alle Gäste eingetroffen sind.

Hübsch dazu sind bunte Gemüsestücke, die mitgegrillt werden.

Gegrilltes Brathähnchen

4 Portionen
2 Brathähnchen à 1 kg
Salz
1 Bund glatte Petersilie
4 Zweige Oregano
4 Zweige Thymian
60 g Kräuterbutter
6 EL Öl
frisch gemahlener Pfeffer
1/2 EL Paprikapulver, edelsüß

Pro Portion ca. 540 kcal / 2250 kJ

1 Die Hähnchen waschen, trockentupfen und innen und außen mit Salz einreiben.

2 Die Kräuter waschen, trockenschütteln und mit der Kräuterbutter in die Bauchhöhlen der Hähnchen geben. Die Hähnchenkeulen und -flügel mit Grillnadeln feststecken oder mit Küchengarn festbinden.

3 Das Öl mit Pfeffer und Paprikapulver verrühren. Die Hähnchen mit dem Öl bestreichen und auf einen Drehspieß stecken. In mittlerer Höhe etwa 1 Stunde bei guter Hitze grillen. Während des Grillens mehrmals mit dem Öl bestreichen.

Dazu schmecken frische Blattsalate oder marinierte Gemüse und gewürztes Brot.

Barbecue-Hühnerflügel

4 Portionen	4 getrocknete rote Chilischoten
6–8 Stunden marinieren	1 TL Salz
1 kg Hühnerflügel	1 TL Paprikapulver, edelsüß
6 EL Chilisauce (Fertigprodukt)	1/2 TL Ingwerpulver
3 EL Sojasauce	
4 EL Honig	
Saft von 1 Limette	
2 große Knoblauchzehen	

Pro Portion ca. 540 kcal / 2250 kJ

1 Die Hühnerflügel waschen und mit Küchenpapier trockentupfen. Chili- und Sojasauce, Honig und Limettensaft in einer kleinen Schüssel gut verrühren. Die Knoblauchzehen abziehen und mit einer Knoblauchpresse zur Sauce drücken.

2 Die Chilischoten im Mörser zerstoßen. Mit Salz, Paprika- und Ingwerpulver mischen und unter die Sauce rühren. Die Hühnerflügel in eine Glas- oder Porzellanschüssel legen und mit der Barbecuesauce übergießen. Schüssel abdecken und für mindestens 6 Stunden zum Marinieren in den Kühlschrank stellen.

3 Den Backofen auf 220°C vorheizen. Die Hühnerflügel aus der Marinade heben, nebeneinander in 4 kleine feuerfeste Schalen legen und die Barbecuesauce darüber verteilen.

4 Auf der mittleren Schiene im Backofen bei 220°C ca. 35 Minuten backen. Falls die Flügelspitzen zu dunkel werden, Alufolie locker darüber legen.

In den Schalen mit frischem Weißbrot servieren.

Indisches Tandoori-Huhn

Die Marinade sollte mindestens 6, besser aber 24 Stunden in das Fleisch einziehen können.

1,2 kg Hähnchenkeulen
Saft von 1 großen Zitrone
1 kleine Zwiebel, Salz
2 Knoblauchzehen
1 haselnussgroßes Stück frischer Ingwer
1 frische Chilischote
2 TL Garam Masala
2 EL Tandoori-Paste
2 EL Tandoori-Masala
3 Becher (450 g) Vollmilchjoghurt
Limettenschnitze zum Garnieren

Pro Portion ca. 360 kcal / 1500 kJ

1 Die Hähnchenkeulen waschen, abtrocknen und in Ober- und Unterkeulen teilen. Jedes Stück 3- bis 4-mal der Länge nach einschlitzen. Mit Salz und Zitronensaft massieren und gut in die Schlitze reiben. Ruhen lassen.

2 Zwiebel und Knoblauch abziehen und den Ingwer schälen. Zwiebel klein würfeln, Knoblauch durchpressen, Ingwer in dünne Scheiben schneiden. Die Chilischote putzen, aufschlitzen, die Kernchen herauswaschen, die Schote in feine Streifen schneiden. Alles mit den Gewürzen und Joghurt gründlich verrühren.

3 Hühnerteile damit einreiben (Gummihandschuhe anziehen!) und samt der Paste in eine tiefe Schüssel legen. Zugedeckt in den Kühlschrank stellen, mindestens 6, besser 24 Stunden durchziehen lassen.

4 Die Keulen aus der Marinade nehmen, möglichst viel Marinade abschütteln. Die Teile auf das Backblech legen und im vorgeheizten Backofen bei 250 °C auf der mittleren Schiene 20 bis 25 Minuten backen. Tandoori-Huhn mit Limetten anrichten.

Marinierte Hähnchenkeulen

4 Portionen
1 Schalotte
2 Knoblauchzehen
je 1 TL Salz, Zucker, Kurkuma-, Chili- und Ingwerpulver
1 EL Zitronensaft
Öl
8 Hähnchenunterkeulen

Pro Portion ca. 140 kcal / 590 kJ

1 Die Schalotte und die Knoblauchzehen abziehen und pressen. Das Mus mit den Gewürzen, Zitronensaft und 2 Esslöffel Öl verrühren. Die Hähnchenkeulen waschen und trockentupfen. Haut und Sehnen rund um das untere Knochenende einschneiden und mit einem Messerchen dem Knochen entlang etwas nach oben schieben. So kann sich das Fleisch beim Braten besser zusammenziehen, und die Keule bekommt eine hübsche Form.

2 Jede Keule 4 mal der Länge nach einschneiden, mit der Marinade bestreichen und die Würzung besonders gut in die Schlitze massieren. Die Hähnchenkeulen mit Folie abdecken und mindestens 2 Stunden marinieren lassen.

3 Eine Grillpfanne mit Öl bestreichen, stark erhitzen und die Hähnchenkeulen auf beiden Seiten scharf anbraten. Dann die Hitze reduzieren und die Keulen insgesamt etwa 15 Minuten rösten. Zur Garprobe anstechen: Das Fleisch ist gar, wenn der austretende Saft klar ist.

Die Hähnchenkeulen mit einer scharfen süßsauren Sauce servieren.

Ente am Spieß

2 Portionen
1 junge Flugente
Salz
frisch gemahlener weißer Pfeffer
Öl

Pro Portion ca. 1500 kcal / 6280 kJ

1 Den Grill vorheizen. Die Ente waschen, trockentupfen und innen und außen mit Salz und Pfeffer würzen.

2 Auf den Bratspieß stecken. Erst die Klammer am Hals befestigen und dann die Klammer am unteren Ende möglichst fest dagegen schieben, ohne die Keulen zu verletzen. Die Ente dünn mit Öl bestreichen.

3 Eine Ente von ca. 1,5 kg Gewicht braucht am Spieß unter dem Grill ca. 45 Minuten.

4 Nach dieser Garzeit ist das Brustfleisch sehr saftig und noch schwach rosa.

5 Schon 5–10 Minuten mehr genügen, damit die Ente völlig durchgebraten ist.

Nach 30 Minuten die Ente an beiden Seiten 2 mal einstechen, damit das Fett abläuft.

Die Beilagen sind zum Beispiel Feldsalat und schwäbischer Kartoffelsalat.

Garnelenspieße mit Papaya

4 Portionen
16 rohe Riesengarnelen oder Scampi
3–4 Knoblauchzehen
3–4 kleine rote Chilischoten
Saft von 2 Limetten
Salz
1 TL Curry
1 große grüne Paprikaschote
1 feste Papaya
Öl

Pro Portion ca. 360 kcal / 1500 kJ

1 Die Garnelen bis auf die Schwanzflosse schälen, am Rücken einritzen und den Darm entfernen. Die Garnelen waschen und trockentupfen. Den Knoblauch abziehen und fein hacken. Die Chilischoten waschen, putzen, aufschlitzen, die Kernchen entfernen und die Schoten sehr fein hacken. Den Limettensaft mit etwas Salz und Curry verrühren, mit Knoblauch und Chilischoten vermischen und die Garnelen einlegen.

2 Die Paprikaschote waschen, putzen, der Länge nach halbieren und entkernen. Die Hälften der Länge nach in Streifen schneiden und 3 Minuten in kochendem Salzwasser blanchieren. Abgießen, kalt abschrecken und gut abtropfen lassen.

3 Die Papaya schälen, der Länge nach halbieren und entkernen. Das Fruchtfleisch der Länge nach in nicht zu dünne Streifen schneiden, damit es am Spieß nicht bricht.

4 Papaya, Garnelen und Paprikaschote abwechselnd auf Spieße stecken – pro Portion 2 Spieße. Die restliche Marinade mit 4 Esslöffeln Öl verrühren und über die Spieße verteilen.

5 Den Infragrill im Backofen vorheizen. Ein Backblech mit Alufolie auslegen und mit Öl bestreichen. Die Spieße darauflegen, mit Öl beträufeln und auf jeder Seite 3 Minuten grillen.

Garnelenspieß

4 Portionen	Pfeffer
20 rohe Garnelen	etwas Cayennepfeffer
3 Knoblauchzehen	1 TL fein gerebelter Oregano
6 EL Olivenöl	
Salz	
frisch gemahlener schwarzer 1/2	
unbehandelte Zitrone	

Pro Portion ca. 150 kcal / 640 kJ

1 Die Garnelen vorsichtig waschen, sorgfältig abtrocknen und die Schale an der Oberseite der Länge nach mit der Schere aufschneiden, den Darm entfernen.

2 Knoblauchzehen abziehen und durch die Presse drücken, mit Olivenöl, Salz, schwarzem Pfeffer, Cayennepfeffer und Oregano verquirlen. Etwas abgeriebene Zitronenschale und Zitronensaft einrühren. Die Garnelen darin 3–4 Stunden marinieren.

3 Garnelen auf Spieße reihen, auf dem geölten Grill bei mittlerer Hitze oder unter dem Grill im Backofen etwa 10 Minuten grillen und zwischendurch wenden.

Zu diesen würzigen Garnelen schmeckt Sauce Rouille.

Gegrillte Garnelen

4 Portionen
je nach Größe 12–16 rohe Garnelenschwänze
2 Knoblauchzehen
je 1 Messerspitze Salz und Chilipulver
4 EL Olivenöl

Pro Portion ca. 130 kcal / 530 kJ

1 Die Garnelenschwänze vom Rücken her einschneiden und halbieren, ohne die Unterseite durchzuschneiden.

2 Die Hälften aufklappen und den Darm entfernen.

3 Knoblauchzehen abziehen und sehr fein hacken oder pressen.

4 Mit Salz, Chilipulver und Öl gründlich verrühren.

5 Die Garnelenschwänze auf ein Backblech legen und mit der Marinade bestreichen.

6 Den Infragrill im Backofen vorheizen und die Garnelen auf der zweiten Schiene von oben ca. 5 Minuten grillen.

7 Zur Garprobe eine besonders fleischige Garnele anschneiden.

Die Schwänze sollen gegart, aber nicht trocken sein.

Dazu passt Sauce Rouille oder Ailloli.

Gefüllter Tintenfisch

4 Portionen	1 EL Rosinen
4 mittelgroße Tintenfische à 150 g	4 EL gekochter Reis
Salz	2 Eigelb
1 Bund glatte Petersilie	abgeriebene Schale von 1/2 Zitrone
2 Stengel Basilikum	frisch gemahlener weißer Pfeffer
1 Stengel Minze	Öl zum Bestreichen
2 Knoblauchzehen	
1 EL Pinienkerne	

Pro Portion ca. 240 kcal / 1000 kJ

1 Die Tintenfische säubern, dazu die feine Haut abziehen, Kopf, Tintenbeutel und Schulp entfernen. Tintenfische gründlich unter fließendem Wasser waschen und gut abtropfen lassen.

2 Den Kranz mit den Fangarmen vom Kopf abschneiden. Tintenfische samt der Fangarme 10 Minuten in Salzwasser köcheln, dann abschütten und etwas auskühlen lassen.

3 Die Kräuter waschen und trockenschütteln. Den Knoblauch abziehen. Für die Füllung die Fangarme mit den Kräutern, Knoblauch, Pinienkernen und Rosinen fein hacken.

4 Mit dem Reis und dem Eigelb gut vermengen und mit Zitronenschale, Salz und Pfeffer würzen.

5 Die Tintenfische damit füllen und mit Zahnstochern zustecken. Mit Öl bestreichen und auf dem Grillrost bei mittlerer Hitze

12–15 Minuten garen, dabei mehrmals wenden und mit Öl bepinseln.

Gegrillte Forelle

4 Portionen
4 frische Forellen, je ca. 350 g, Regenbogen- oder Bachforellen, auch Renken eignen sich
6 EL Zitronensaft
Salz
je einige Zweige Thymian, Petersilie und Zitronenmelisse
frisch gemahlener schwarzer Pfeffer
2 Knoblauchzehen
2 EL Öl
600 g Tomaten

Pro Portion ca. 280 kcal / 1170 kJ

1 Die Forellen waschen und abtrocknen. Innen und außen mit Zitronensaft einreiben, salzen und pfeffern. In die Bauchhöhlen jeweils einige Kräuterzweige legen.

2 Den Knoblauch abziehen, der Länge nach in Stifte schneiden und zu den Kräutern geben.

3 Die Fische an der dicksten Stelle 3–4mal leicht einschneiden. Die Tomaten waschen und in Scheiben schneiden.

4 Zwei Gratinformen mit Öl ausstreichen, mit Tomatenscheiben auslegen, salzen und pfeffern und die Forellen daraufsetzen.

Unter dem heißen Grill im Backofen 12–14 Minuten garen, zwischendurch einmal wenden.

Forelle vom Rost

4 Portionen
4 küchenfertige Forellen
2 Zitronen
Salz
4 EL Öl

Pro Portion ca. 280 kcal / 1170 kJ

1 Die Forellen gründlich waschen und außen und innen trockentupfen. Jede Forelle mit 1 Zitronenhälfte abreiben und den Saft in die Bauchhöhle träufeln. Die Fische innen salzen und außen gründlich mit Öl einstreichen.

2 Die Forellen auf einen heißen, gut gefetteten Grillrost legen. Bei guter Mittelhitze auf einer Seite 6 Minuten grillen, noch einmal mit Öl bestreichen und wenden. Auf der zweiten Seite 8–10 Minuten grillen und dann an der Rückenflosse eine Garprobe machen.

Forellen vom Rost mit Ballonkartoffeln und Butter servieren.

Gegrillte Makrelen

4 Portionen	50 g geriebene Mandeln
2 küchenfertige Makrelen à 500 g	50 g Sultaninen
Salz	Salz
1/2 TL Zitronenpfeffer	1 kleine Dose Aprikosenhälften
4 Zweige frischer Oregano	60 g Butter
4 EL Knoblauchöl	3 Esslöffel Semmelbrösel

Pro Portion ca. 670 kcal / 2760 kJ

1 Die Makrelen waschen und trockentupfen. Die Fische innen mit Salz und Zitronenpfeffer würzen und in jeden Fisch 2 Zweige Oregano legen.

2 Die Makrelen mit Knoblauchöl bestreichen und auf dem Grill bei mittlerer Hitze auf jeder Seite etwa 8 Minuten garen. Der Fisch ist fertig, wenn sich eine Rückenflosse leicht herausziehen lässt.

Mit der Kräutersauce servieren.

Gemüsespieße

4 Portionen	2 getrocknete rote Chilischoten
8 Schalotten	1 TL Salz
1 grüne Paprikaschote	1 TL getrockneter Thymian
8 feste Cocktailtomaten	4 EL Olivenöl
8 kleine Champignons	
1 gekochter Maiskolben	
8 Grillzwiebeln	
1 Knoblauchzehe	

Pro Portion ca. 190 kcal / 780 kJ

1 Den Wurzelansatz von den Schalotten schneiden. Reichlich Wasser zum Kochen bringen und die Zwiebelchen 2 Minuten blanchieren.

2 Danach lassen sie sich leicht aus der Haut lösen und sind etwas vorgegart. Die Paprikaschote und die Cocktailtomaten waschen, die Paprika vierteln und entkernen. Die Champignons abreiben und die Stiele entfernen.

3 Die Paprika in mundgerechte Stücke, den Maiskolben in etwa 2 cm dicke Scheiben schneiden.

4 Die Knoblauchzehe abziehen und mit den Chilischoten und dem Salz in einem Mörser zerdrücken, Thymian zugeben und das Olivenöl unterrühren.

5 Das Gemüse in bunter Reihe auf 4 Grillspieße aufstecken, mit dem Kräuteröl bestreichen und 15 Minuten ziehen lassen.

6 Die Gemüsespieße über mittlerer Hitze 10–12 Minuten grillen, dabei mehrmals wenden und mit der Marinade bestreichen.

GRÄFRATHS VIELFÄLTIGER GAUMENSCHMAUS

Im **Hotel Gräfrather Hof** – in einer der schönsten Regionen im Bergischen Land gelegen – finden Sie die Freiheit und den Rahmen, schöne Dinge zu erfahren. Wir machen Sie bekannt mit einer Welt sinnlichen Erlebens, privatem Charme, exzellentem Service und einer ausgezeichneten Küche. Genießen Sie einen komfortablen Aufenthalt rund um den 700-jährigen Gräfrather Marktplatz und lassen Sie sich kulinarisch verwöhnen.
Jeder Gast ist bei uns ein besonderer Gast und verdient den besten Service!

FLORIAN

Das Restaurant FLORIAN ist ein Ort für alle, die Wert auf eine außergewöhnliche, **internationale Küche,** exklusive Getränke und eine besondere Atmosphäre legen. Genießen Sie ab dem ersten Moment vollkommene Gastlichkeit und lassen Sie sich von unseren Köchen in die Welt der Haut Cuisine entführen.

Osteria da Felice

Mit Herz und Leidenschaft bereiten Felice und sein Team pfiffige und variantenreiche **italienische Köstlichkeiten.** Direkt vis á vis unseres Hotels.

Brauhaus Gräfrather Klosterbräu

Zwei Gehminuten vom Gräfrather Hof entfernt empfängt Sie stilvoll, uriges Ambiente. Hier lädt **klassische, deutsche Küche** – abgerundet durch erlesene Weine sowie hausgebrautes und prämiertes Bier zum gemütlichen Verweilen ein.

Hotel Gräfrather Hof

In der Freiheit 48, 42653 Solingen-Gräfrath
Tel.: 02 12 258 00 - 0, Fax: 02 12 258 00 - 800
info@hotel-graefratherhof.de

www.hotel-graefratherhof.de

GRÄFRATHER HOF
HOTEL • RESTAURANT
★ ★ ★ ★

GRÄFRATHER HOF

Gasthof
Gräfrather Klosterbräu
Schänke

FLORIAN
BISTRO CAFÉ BAR

OSTERIA
da Felice

lecker und einfach

BELLAVISTA

Eine große Auswahl weiterer köstlicher Gerichte zum Nachkochen!

Mit vielen Bildern